Armin Täubner

CHRISTBAUM-ANHÄNGER

aus Tonkarton und Goldfolie

Frech-Verlag Stuttgart

Für eine gewerbliche Nutzung der gezeigten Modelle ist die Genehmigung des Verlags erforderlich.

Fotos: Birgitt Gutermuth

Auflage: 5. 4. 3. 2. 1. | Letzte Zahlen
Jahr: 1993 92 91 90 89 | maßgebend

ISBN 3-7724-1282-3 · Best.-Nr. 1282

frech-verlag
GmbH + Co. Druck KG Stuttgart
Druck: Frech, Stuttgart 31

Das Schmücken des Christbaumes ist jedes Jahr eine reizvolle Aufgabe. Für die Gestaltung des Schmuckes gibt es viele Möglichkeiten. Wenn der Baum aber Niveau und eine gewisse Großzügigkeit ausstrahlen soll, ist eine Beschränkung oder Konzentration auf ein Material angebracht.
Hierbei scheint mir eine Empfehlung wichtig: Nimm nicht den vom letzten Jahr!

Aktuell sind Tonpapier, Tonkarton und natürlich Goldfolie. Was uns am Fenster gefällt, wirkt auch neben dem Grün des Tannenbaumes. Meine Vorschläge betreffen ausschließlich diese Materialien; sie sind leicht nachzuarbeiten. Zudem gebe ich alle Vorlagen in Originalgröße.

Vielleicht findet die ganze Familie an einem Adventssonntag beim Kerzenschein Zeit und Muße zum Basteln dieses Christbaumschmuckes?

Armin Täubner

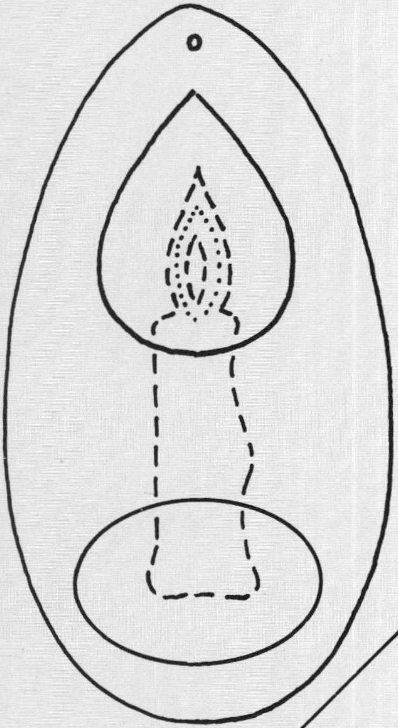

Seite 6

Seite 9

Vorlagen in Originalgröße

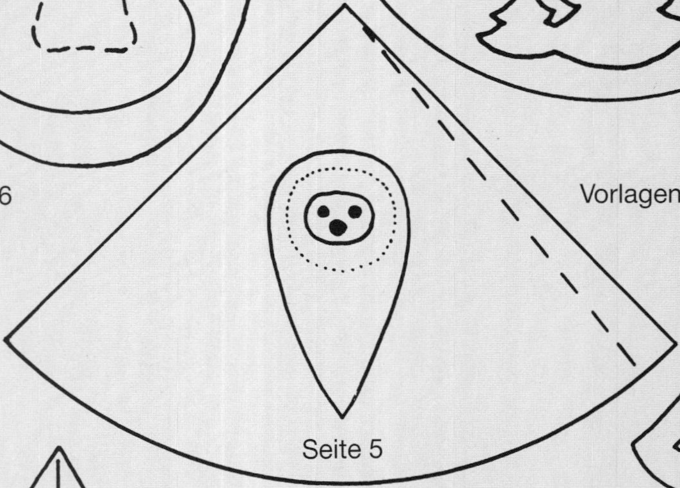

Seite 5

Seite 10

Seite 8

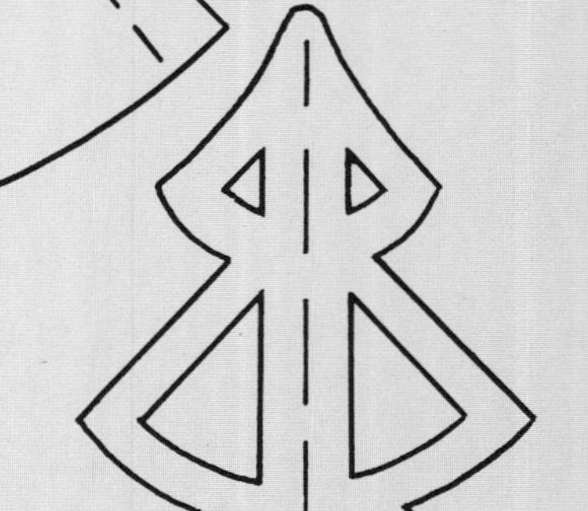

Seite 7

Weihnachtsmänner

Zeichnen Sie mit einem Zirkel auf rote Metallfolie einen Kreis mit 13 cm ∅. Mit Bleistift und Geo-Dreieck wird nun der Kreis in vier gleich große Segmente unterteilt und ausgeschnitten. Für einen Weihnachtsmann benötigen Sie jeweils ein solches Segment. Es wird zu einem Kegel geformt und zusammengeklebt. Aus dem tropfenförmigen Haar-Bartteil schneiden Sie eine Öffnung für das Gesicht. Von hinten wird weißes Papier (punktierte Linie) aufgeklebt.

Malen Sie mit schwarzem Filzstift die Augen und die Nase auf und kleben dann das Haar-Bartteil auf den roten Rumpf.

Kerzenanhänger

Auf die blaue Kartonscheibe kleben Sie zunächst Kerzenhalter und Kerzenschein. Der kleine Ausschnitt in der Kerzenflamme muß noch mit rotem Tonpapier hinterklebt werden, bevor abschließend die Kerze aufgeklebt wird.

Genähte Weihnachtsbäume

Legen Sie drei etwa gleich große Goldfolienstücke aufeinander, heften diese am Rand mit dem Klammerhefter zweimal zusammen und übertragen die Konturen des Baumes. Mit dem Messer die Innenfläche herausschneiden. Umrisse mit der Schere nachschneiden. Die paßgenau aufeinanderliegenden Teile mit der Maschine entlang der gestrichelten Linie zusammennähen.

Goldene Tannenbäumchen

Für jedes Bäumchen benötigen Sie das punktierte Teil doppelt, das andere Teil (durchgezogene Linie) einmal. Die beiden kleineren Teile werden auf Vorder- und Rückseite entlang des gedachten Stammes aufgeklebt. Die „Zweige" nach vorne bzw. nach hinten biegen.

Hirsch zwischen Tannen

Schneiden Sie für die Schablone aus der Kartonscheibe mit dem Messer die Umrisse des Hirsches heraus. Von den Tannen werden vier Schablonen angefertigt. Sie übertragen nun die Konturen des Hirsches auf weißen Karton und schneiden Sie mit dem Messer nach. Aus grünem Papier oder Karton werden die Tannen ausgeschnitten und aufgeklebt. Zum Schluß hinterkleben Sie den Anhänger mit weißem Transparentpapier oder Silberfolie.

Tropfenförmige Anhänger

Heften Sie mit dem Klammerhefter drei gleich große aufeinanderliegende Goldfolienstücke am Rand zweimal zusammen. Anschließend legen Sie die Schablone auf und fahren die Konturen mit Bleistift nach. Mit dem Messer werden nun die Innenschnitte ausgeführt, bevor die Umrißlinie mit der Schere nachgeschnitten wird. Die drei Teile nähen Sie nun entlang der gestrichelten Linie mit der Nähmaschine zusammen. Die Fadenenden verknoten!

Zusammengenähte Motive

Übertragen Sie mit Hilfe einer Schablone die Umrisse auf Goldfolie. Sie können beim Ausschneiden stets mehrere Folienstücke aufeinanderlegen. Vier bis sechs solcher Teile werden mit der Nähmaschine entlang der gestrichelten Linie aufeinandergenäht und nun mit Hilfe eines dazwischengeschobenen Lineals aufgeklappt. Fadenenden verknoten. (Abb. Seiten 11-14).

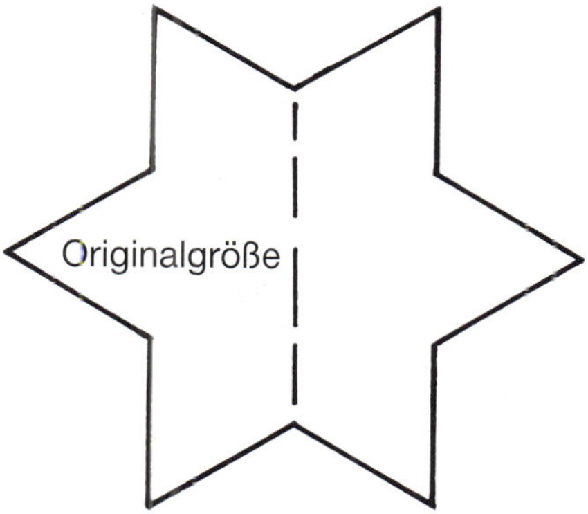

Windradsterne

Jeder Stern besteht aus neun Kreisscheiben. Acht davon werden knapp neben der Mittellinie (punktiert) umgeklappt (gestrichelt). Die gefalteten Scheiben kleben Sie nach Zeichnung auf die neunte Scheibe (gestrichelt).

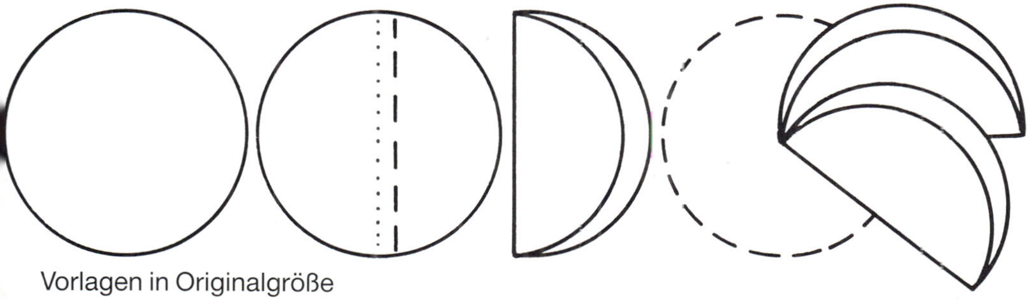

Vorlagen in Originalgröße

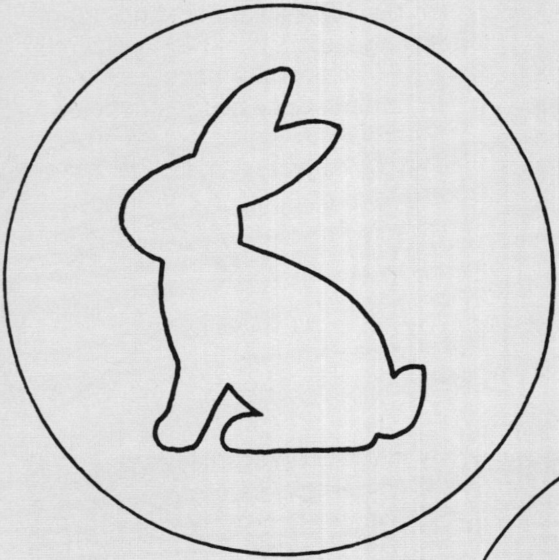

Vorlagen
in Originalgröße

Tiermotive

Sie haben zwei Möglichkeiten, Schablonen für diese Anhänger anzufertigen: Entweder Sie schneiden die Formen mit der Nagelschere aus oder sie schneiden mit dem Messer die Innenflächen der Tiere heraus. Mit dem Zirkel zeichnen Sie nun Kartonscheiben mit 7 cm ∅. Darauf werden die Umrisse der Tiere übertragen und mit dem Messer nachgeschnitten. Abschließend hinterkleben Sie die herausgeschnittenen Tiermotive mit Goldfolie oder mit zuvor geglättetem Goldkreppapier.

Der Stern über dem Stall

Schneiden Sie zuerst mit dem Messer den geschweiften Stern und anschließend den Stall heraus. Mit der Schere kann nun die runde Kartonscheibe ausgeschnitten werden. Die Schneeflächen am Boden und auf dem Dach müssen sie jeweils doppelt ausschneiden und deckungsgleich auf Vorder- und Rückseite des Anhängers kleben.

Maria mit Jesuskind

Die angefertigte Schablone besteht nur aus den Umrißlinien, d. h. die feinen Innenschnitte fehlen. Diese Linien werden bei jedem Anhänger, nachdem die Umrisse aus Tonkarton ausgeschnitten sind, mit Bleistift leicht vorgezeichnet und mit dem Messer nachgeschnitten. Die Heiligenscheine werden, von hinten an die Köpfe geklebt werden.

Vorlagen in Originalgröße

Seite 21

Seite 23

Seite 22

Vorlagen in Originalgröße

Weihnachtsmänner

Für jeden Weihnachtsmann werden Rumpf und Haar-Bartteil einmal sowie der weiße Mantelsaum zweimal benötigt. Alle Teile können mit der Schere ausgeschnitten werden. Das Gesicht wird mit Filzstift aufgemalt.

Weihnachtsmänner (Seitenansicht)

Jeder Weihnachtsmann besteht aus neun Teilen, d.h. bis auf den Rumpf müssen alle Teile zweimal ausgeschnitten werden. Kleben Sie zuerst den weißen Mantelsaum und das Haar-Bartteil paßgenau auf Vorder- und Rückseite an. Es folgen die Ärmel mit den weißen Aufschlägen. Abschließend mit schwarzem Filzstift die Augen aufmalen.

Engel im Oval

Bei diesem filigranen Engel werden zunächst mit dem Messer die Innenfläche von Kleid und Flügel herausgeschnitten. Anschließend schneiden Sie mit der Nagelschere die äußeren Konturen nach. Nun wird die weiße Kartonscheibe auf das rote Oval geklebt. Abschließend fixieren Sie den roten Engel auf dem jetzt zweifarbigen Kartonoval.

Weihnachtswichtel

Alle Wichtel bestehen aus fünf Teilen, d.h. auf den Rumpf wird beidseitig jeweils ein Haar-Bartteil und ein Arm angeklebt. Zwei schwarze Filzstiftpunkte markieren die Wichtelaugen.

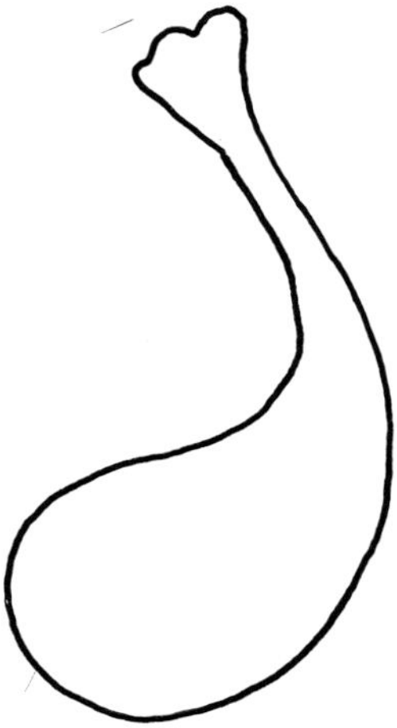

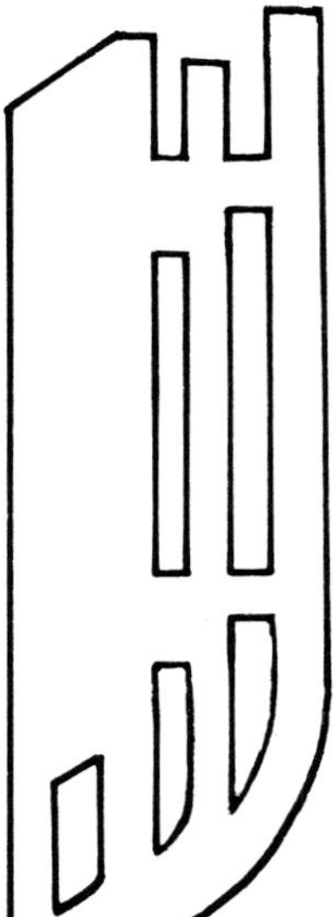

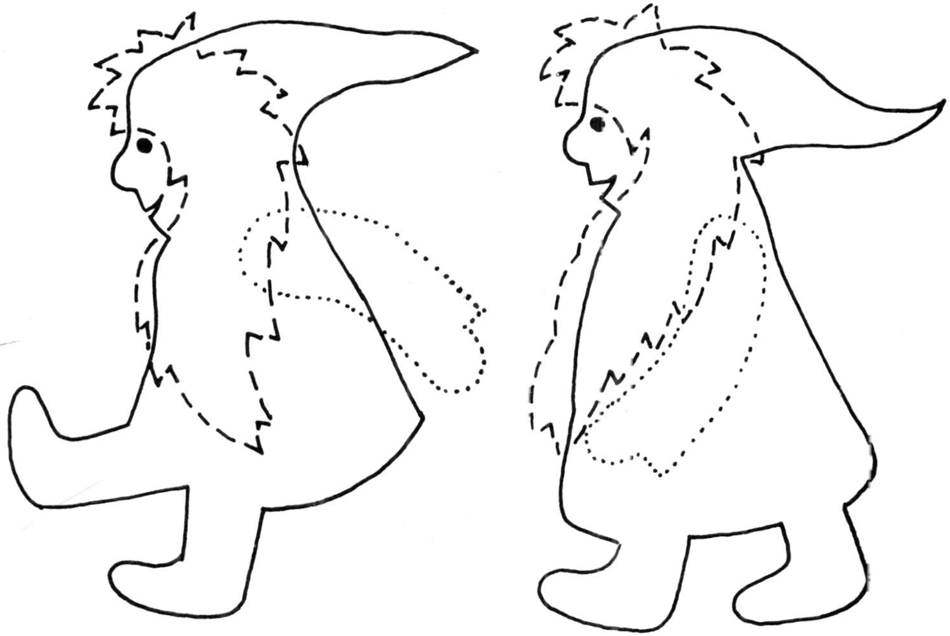

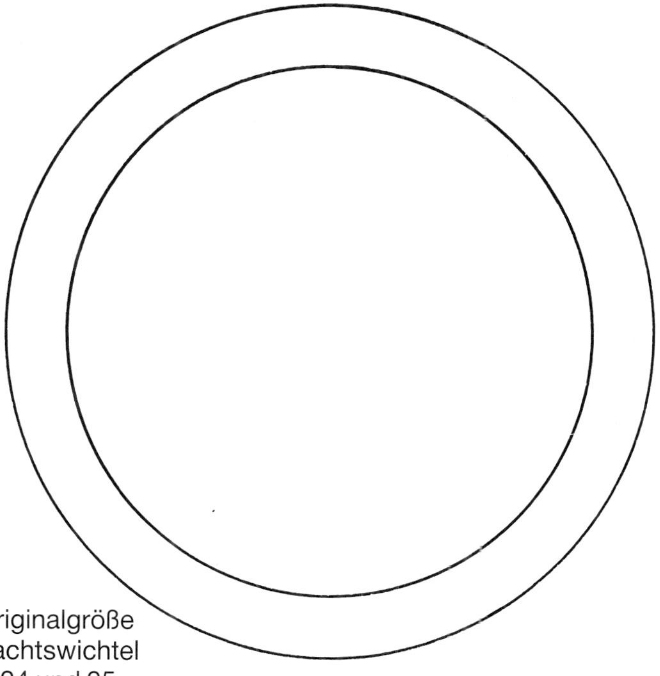

Vorlagen in Originalgröße
für die Weihnachtswichtel
auf den Seite 24 und 25.

Engel

Die Engelkörper werden viermal ausgeschnitten und an der gedachten Wirbelsäule aufeinandergeklebt. Vom Flügelpaar wird der gestrichelte Teil zweimal und der punktierte Teil einmal benötigt. Kleben Sie nun die drei Flügelteile in der Mitte aufeinander. Anschließend werden die Flügel und das herzförmige Gesicht angebracht. Zum Schluß Kleid, Haar und Flügel leicht spreizen.

Seite 28

Seite 31

Seite 30

Sternornament

Beim Herstellen der Schablonen übertragen Sie sämtliche Linien mit Hilfe von Zirkel und Lineal auf das Paus- bzw. Transparentpapier. Das übertragene Motiv wird nun auf Karton geklebt und mit Messer und Schere exakt ausgeschnitten. Mit dieser Schablone können die Sternumrisse in beliebiger Anzahl auf Tonkarton übertragen werden.

Stern

Hier muß wie beim Sternornament zunächst eine Schablone aus Transparentpapier und Karton angefertigt werden. Sämtliche Schnitte werden mit dem Messer ausgeführt.

Gefaltete Sterne aus Metallfolie

Mit dem Zirkel zeichnen Sie auf die Metallfolie zunächst einen Kreis. Nun stechen Sie mit demselben Radius auf der Kreislinie an zwei Stellen ein. Stechen Sie an den neu gefundenen Schnittpunkten ein und schlagen erneut Kreise, dann erhalten Sie sechs Punkte auf der Kreislinie, die alle dieselben Abstände haben. Nun werden die Kreispunkte durch den Kreismittelpunkt mit Bleistiftlinien verbunden. Anschließend die Kreispunkte jeweils mit ihrem Nachbarkreispunkt verbinden (gestrichelte Linien). Schneiden Sie jetzt das so entstandene Sechseck aus. Von den Ecken (P1 bis P6) aus werden nun sechs Einschnitte (halbe Strecke bis zum Mittelpunkt) vorgenommen. Falten Sie nun die Eckpunkte P zur Mitte hin. Es entstehen dabei die Sternspitzen S. Die beiden Spitzen werden nochmals umgeschlagen und dadurch schmaler. Sie können entweder in die Sternmitte einen kleinen Stern kleben oder einen kleinen Kreis um den Mittelpunkt zeichnen. Nun machen Sie vom kleinen Kreis zur Mitte hin sechs kurze Schnitte und klappen die so entstandenen sechs Zacken entlang der gestrichelten Linie nach außen.

Einfacher kleiner Stern zum Ausschneiden

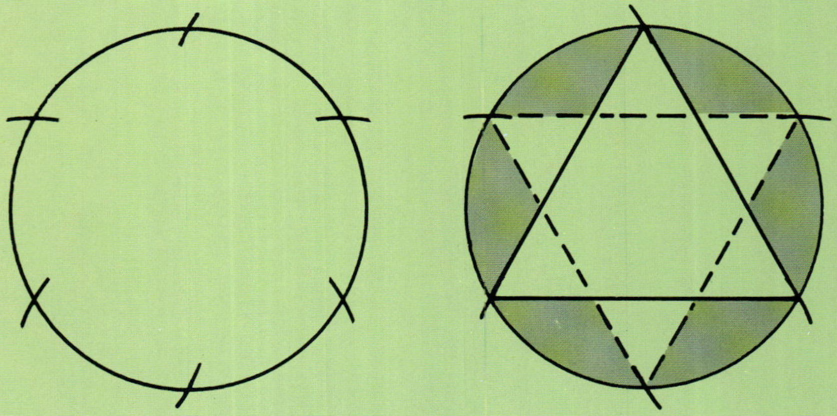

Vorlagen in Originalgröße

Vorlagen in Originalgröße
für die gefalteten Sterne aus Metallfolie.
Anleitung auf Seite 32.

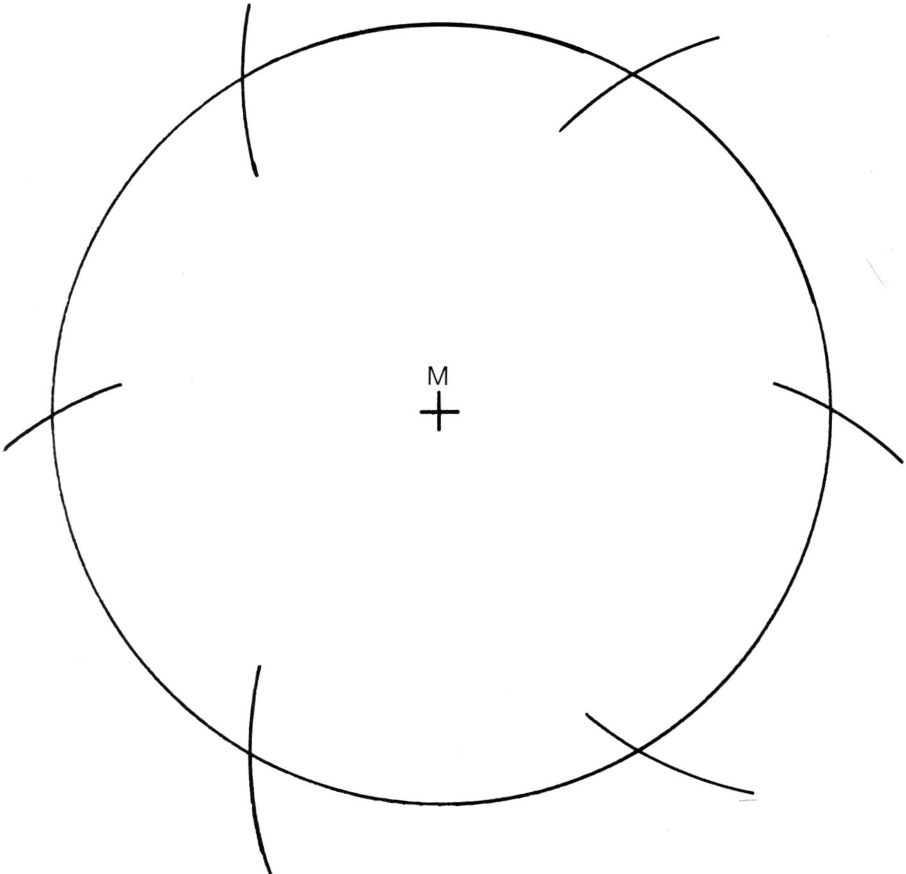

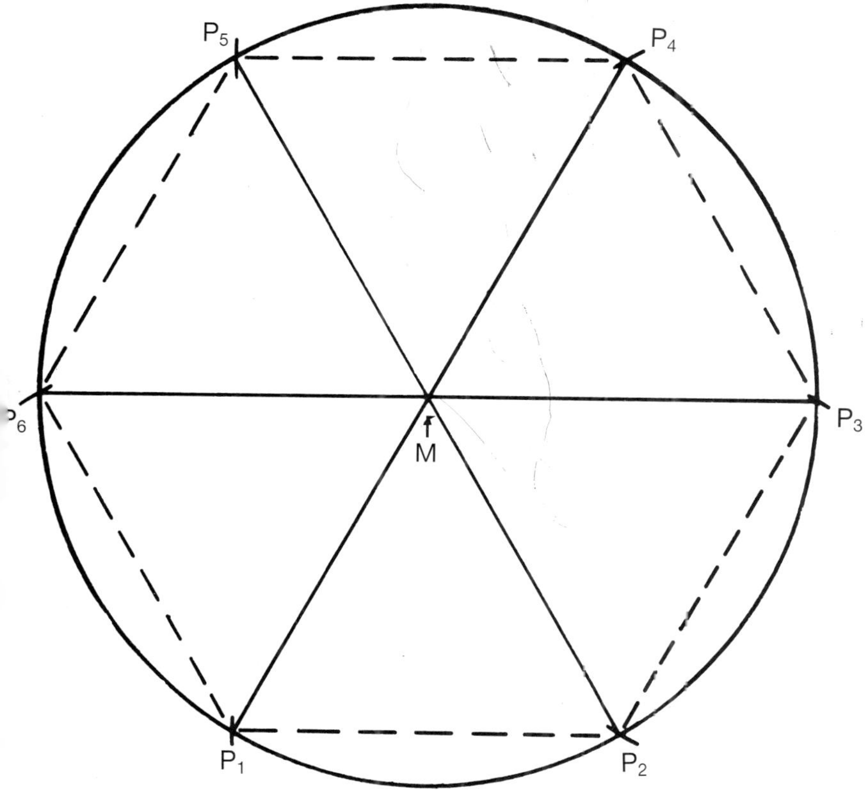
P5
P4
P6
P3
M
P1
P2

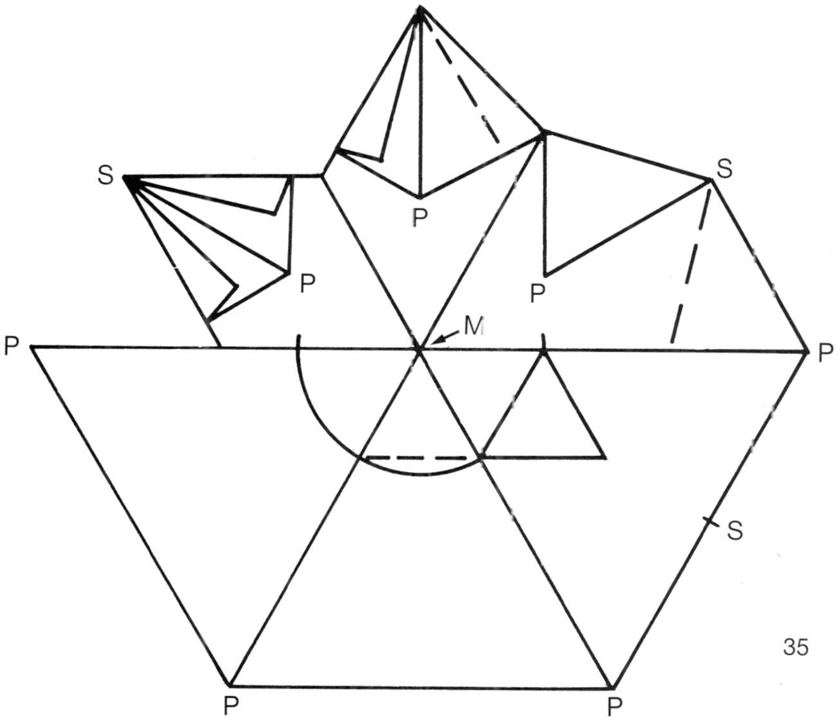
S
P
S
P
P
P
M
P
S
P
P

Vorlagen in Originalgröße

Abbildung und Anleitung auf Seite 38.

Transparente Sterne

Die Konturen der Sterne übertragen Sie mit Bleistift und Lineal auf weißes Transparentpapier (evtl. Butterbrotpapier). Anschließend wird dieses Transparentpapier auf Karton aufgeklebt. Nun schneiden Sie mit dem Messer das Motiv heraus.
Sind die Sterne ausgeschnitten, werden sie mit buntem Transparentpapier hinterklebt.

Glöckchen

Fünf Rechtecke der Breite nach zur Hälfte falten (gestrichelte Linien). Den *halben* Umriß des Glöckchens auf Karton übertragen und ausschneiden. Die Kartonschablone auf die gefalteten Rechtecke legen, mit Bleistift umfahren, ausschneiden und aufklappen.

Drei der fünf Glockenteile jeweils zur Hälfte mit Klebstoff bestreichen und aneinanderkleben. Einen Faden mit einer angeknoteten Perle einlegen und die beiden restlichen Glockenteile aneinanderkleben.

Vorlagen in Originalgröße auf Seite 40.

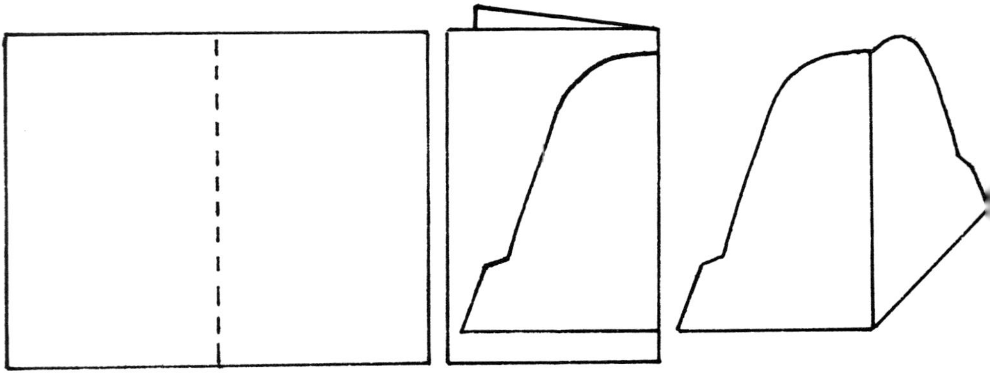

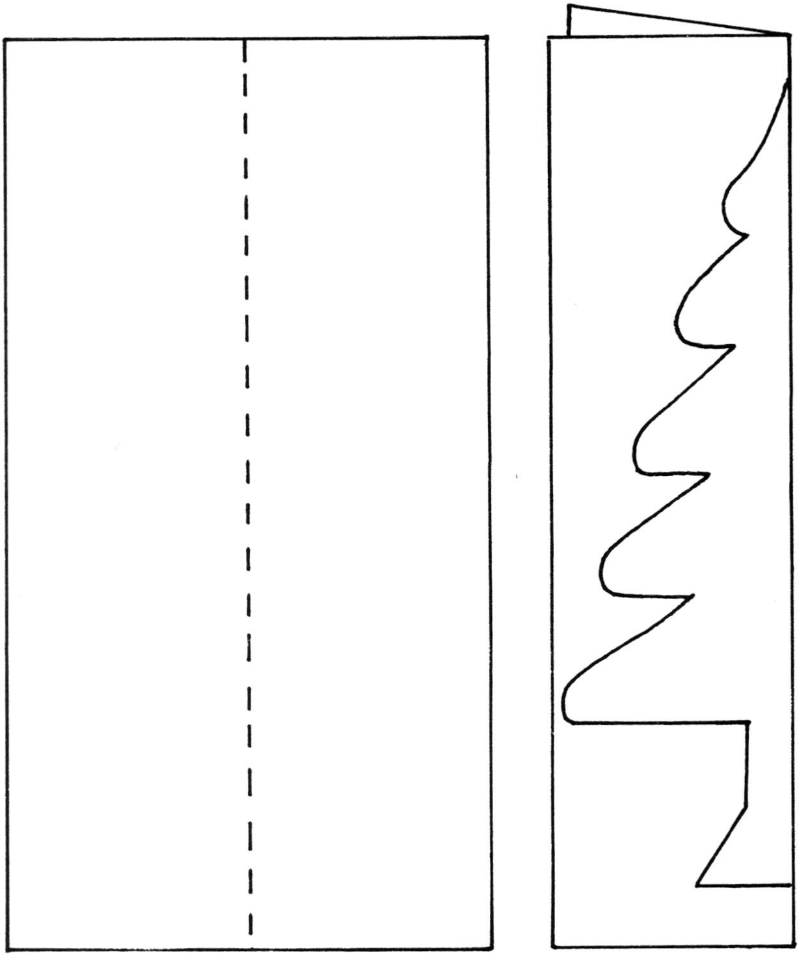

Anleitung und Abbildung der Glöckchen auf Seite 39.

Anleitung und Abbildung der Bäumchen auf Seite 42/43.

Vorlagen in Originalgröße

Bäumchen

Vier Rechtecke aus Silberfolie der Länge nach falten (gestrichelte Linie). Kartonschablone eines halben Bäumchens anfertigen, auf die gefalteten Rechtecke legen, mit Bleistift umfahren und ausschneiden. Vier solche ausgeschnittenen Bäumchenteile werden zu einem Bäumchen zusammengeklebt.
Die Bäumchenteile können vor dem Zusammenkleben auch noch waagrecht eingeschnitten werden. Die schmalen Streifen sind nur an den punktierten Linien mit den Bäumchenteilen verbunden und werden vor dem Zusammenkleben nach außen aufgeklappt.

Nikolaus

Mit dem Zirkel einen Kreis mit dem Radius 7,5 cm schlagen. Den Kreis ausschneiden und in drei gleich große Stücke unterteilen. Von der Spitze ein kleines Stück abschneiden (punktierte Linie).
Das Folienstück zu einer Tüte formen und ein kleines Watteknäuel anstelle der abgeschnittenen Spitze einlegen. Tüte zusammenkleben.
Auf weißes Papier mit schwarzem Kugelschreiber ein Gesicht zeichnen, ausschneiden und auf die Tüte kleben.
Einen Wattestreifen so zusammendrehen, daß ein gleichmäßig dicker Wattestrang entsteht.
Die Mitte des Wattestrangs über der Stirn ankleben. Die beiden Enden um das Gesicht leben, ankleben, parallel nach unten ziehen und fixieren.
Vorlagen in Originalgröße auf Seite 44.

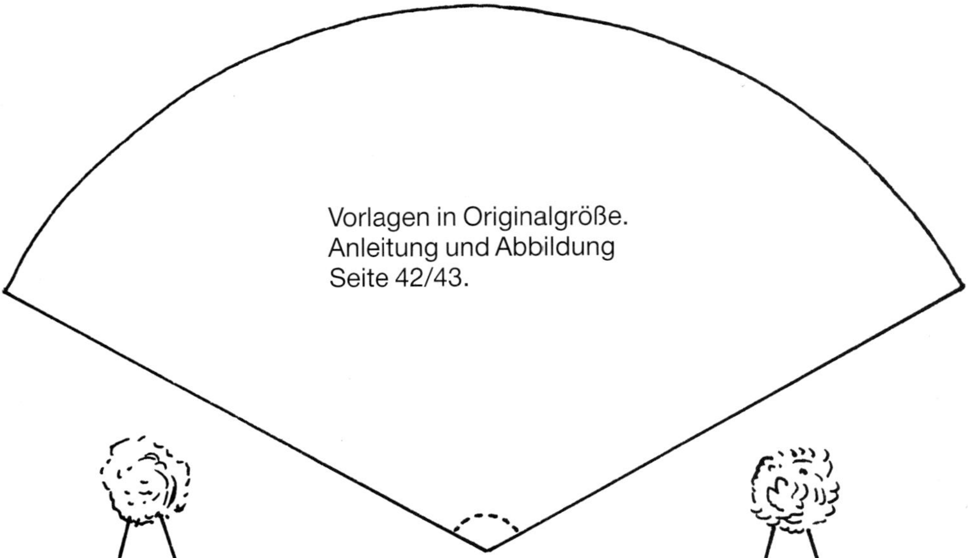

Vorlagen in Originalgröße.
Anleitung und Abbildung
Seite 42/43.

Weihnachtsmann/Schneemann

Für beide Figuren werden Kartonscheiben in Rot bzw. Weiß mit einem Radius von 3,3 cm benötigt. Darauf werden Rumpf, Bart-Gesichtsteil und Sack bzw. Hut geklebt. Die Gesichter werden mit schwarzem Filzstift aufgemalt.

Anleitung und Abbildung
für Weihnachtsmann/Schneemann
auf Seite 45.

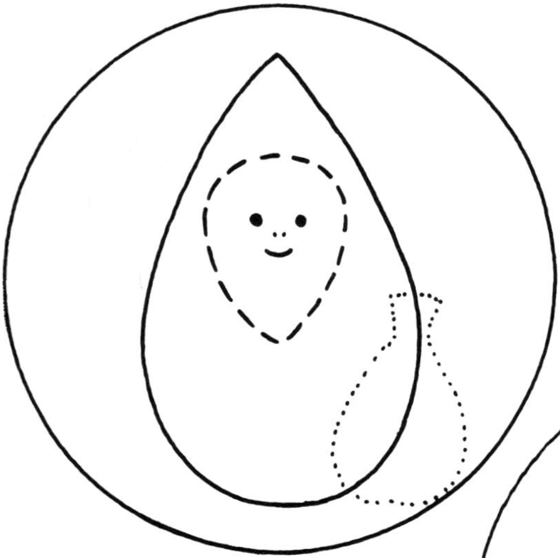

Vorlagen in Originalgröße

Engel (im Profil)

Auf den weißen Rumpf werden beidseitig und deckungsgleich die gelben Haarteile angeklebt. Jetzt nur noch die Aufhängeöse einstechen, und schon ist der Weihnachtsanhänger fertig.

Engel (von vorn)

Etwas aufwendiger als die meisten anderen Anhänger ist dieser Engel. Er besteht aus sechs verschiedenen Einzelformen, die in dieser Reihenfolge aufeinandergeklebt werden: von hinten am Kleid Hände, Füße, Flügel, von vorn Haar und Gesicht.

Auswahl aus über 470 TOPP-Titeln

Mit Papier gestalten

1099 Wurst, Papier falten und kleben
788 Sakata, Origami
714 Kühnemann, Scherenschnitte
1093 Lütkebohmert, Laternen
1124 Holl, Fensterbilder aus Tonkarton
1199 Tiggelar, Origami
1195 Täubner, Fenster-Mobiles
1207 –, Fensterbilder Tiermotive
1213 –, Kinderleichte Fensterbilder
1208 Hirschhausen, Fensterbilder
1233 Mein schönstes Fensterbild
1232 Stettler, Transparente Fenstersterne
989 Depner, Transparente Fensterbilder

Plastisch gestalten

1094 Zechlin, Modellieren mit Kindern
922 Terhoeven, Bilder modellieren
793 Hettinger, Salzteig, Bilder + Figuren
868 Hettinger, Salzteig, neue Ideen
1002 Buresch, Salzteig, Schritt für Schritt
911 Buresch, Puppenkurs (Salzteig)
1133 Salzteig – Schönste Modelle
878 Rübsam, Keram. Gefäße gegossen
858 Kaupisch, Freizeittöpfern
1010 Niederreuther, Gießtöpfern
1020 Lumm, Keramik bemalen
1046 Rosin, Glasuren und Anwendung
1125 Müller, Ton mit Pflanzen gestalten
1143 Limpke, Freie Tonplastiken
1187 Kleinschnittger, Kreative Keramik
1145 Hartter, Speckstein

Mit Blumen gestalten

1136 Holl, Naturnahe Trockensträuße
1032 Matsunaga, Ikebana Tischgestecke
842 Dilger, Winterliche Gestecke
1008 Frank, Gepreßte Naturschönheiten
932 Holl, Natur-Collagen
978 Holl, Zierbäumchen a. Naturmaterial
903 Schurr, Bäumchen + and. Dekorat.
913 Walz, Kränze aus Naturmaterial
1095 Walz, Kränze als Heimschmuck
1066 Schwarz, Biedermeiergebinde
970 Raffel, Trockenblumen gestalten
966 Schurr, Geschmücktes Heim
1118 Ohmann, Fantasie-Gärten
999 Roder, Hüte folkloristisch dekoriert

Mit Naturmaterial gestalten

1218 Maki, Peddigrohr
1219 Löhr, Klöppeln Werkbuch
1087 Walz, Zapfen, ein natürliches Material
1170 Zöller, Zapfen und Samen
713 Fleischer, Peddigrohr, prakt./dekor.
545 Kühnemann, Steine geklebt + bemalt
817 Roll, Bemalte und bedruckte Steine

Pflanzen- und Gartenhobby

1144 Vocke, Hydrokultur
1031 Vocke, Langzeitvers. v. Zi.-pflanzen
1011 Schurr, Hochstämmchen selbstgez.
1176 Schurr, Fuchsien
1085 Heuzeroth, Bauerngarten
1013 –, Natürlicher Kräutergarten
1022 v. Hennet, Naturteich im Garten

Mit Holz gestalten

698 Friedrichs, Laubsägen
1096 Weiss, Basteln mit Sperrholz
1068 Wieser/Weller, Holzschnitzen
528 Jeep, Kerbschnitzen
956 Wilhelm, Drechseln, Mappe 2
642 Lumm, Brandmalkunst
931 Grauwiller, Brandmalerei-Dekore
632 Weiß/Steinigans, Wäscheklammern
718 Lumm, Volkskunst Bauernmalerei
530 Kühnemann, Bauernmalerei, Einfg.
829 Gratzl, Spanschachteln, Mappe 13
1059 Erd, Naturnahe Blumenmalerei, 20

Mit Farbe gestalten

601 Gaißer, Papierbatik
767 Gaißer, Marmorieren
1061 Braren, Aquarellmalerei Einführung
1162 Braren, Aquarellmalerei Blumen

Glas und Porzellan

1119 Lempke, Impressionen in Tiffany
702 Brunner, Glasritzen
765 Kühnemann, Glasritzen, Mappe
766 Lumm, Glasritzschule, Mappe
804 Pratsch, Glasbilder nach Tiffany
855 Pratsch, Lampen in Tiffany-Technik
976 Remmert, Gewächshäuschen nach Tiffany, Grundaufbau
974 Pratsch, Tiffany 11 – Fenster
975 Remmert, Tiffany 12 – Spiegel
994 Falkenstein, Tiffany 13 – Fensterbilder
1071 Oelmaier, Tiffany 19 – Spiegel
1097 Lembke, Tiffany-Schmuck
1166 Dietenmaier, Tiffany-Wandlampen
1177 Porzellanmalerei-Grundwissen
803 Lumm, Porzellan-Malschule
935 Kesten, Porzellanmalerei
916 Polla, Malen auf Porzellan
1188 Meichtry, Lüstertechnik

Metallarbeiten

925 Schöni, Kupferritzen
548 Neumann-Leiminger, Metalldrücken
658 Göhs, Galvanisieren
920 Haid, Aus Gold- und Silberdraht
751 Meidenbauer, Zinnfiguren

Modeschmuck

985 Terhoeven, Exquisiter Modeschmuck
1148 Hettinger, Schmuckboutique
1169 Ohmann, Schmuck aus Glas, Metall
1097 Lempke, Schmuckkreationen

Textiles Werken

675 Kühnemann, Weben - Einführung
905 Täubner, Weben mit Stäbchen
832 Frankl, 124 Strickmuster
856 Fischer, Kunststricken – Einführung
611 Zechlin, Wollreste
511 Buchwald, Hüttensocken gestrickt
958 Sorger, Stickerei als Volkskunst
1072 Harms, Bordenstickerei
1077 Brüggemann, Hardanger Stickerei
744 Bellon, Klöppeln – kleiner Lehrgang
1055 Bellon, Klöppeln – kleiner Lehrgang
791 Graff-Höfgen, Occhi – Einführung
895 Walz, Neue Blumenampeln
929 Niesseler, Makramee und Weben
943 Wenzky, Sprang
947 Peltola, Nähen mit der Nähmaschine
1076 Meinhardt, Freizeitkleidung nähen
1003 Kühnemann, Spannquadrate

Stoffe färben/Seidenmalen

633 Wildschütte, Batiken – Lehrgang
1016 Schmidt, Stoffdruck Wege
1084 Blenkers, Textiles m. mod. Gags
769 Digne, Auf Seide malen
849 Kühnemann, S'.malen Grundtechn.
1006 Barthelmes, S'malerei Modetrend
1024 Sakai, Seidenmalerei Mappe 7
971 Keller, Seidenmode, handbemalt
1065 –, Watt. Pullover aus bemalter Seide
1064 –, Seidentücher
1063 Fausel, Krawatten aus Seide bemalt
1167 Ottelart, S'malen neue Techniken
949 Gaißer, Marmorieren auf Seide
813 Krauss, Textile Miniaturen

Puppen + Spieltiere

1027 Reinckens, Puppen zum Liebhaben
957 Ganter, Puppenkinder . . .
1067 Franck, Schweizer Stoffpuppen
986 Franck, Puppengarderobe 1
987 Franck, Puppengarderobe 2
1108 Werkbuch f. Künstler-Puppen
1036 Rasimus, Nähen für Puppen
946 Aurin, Puppenkleidung stricken
938 Seyd, Porzellanpuppen
1025 –, Puppenkleidung für Babypuppen
1053 –, Puppenkldg. f. Charakterpuppen
996 –, Buchhalter, Milieufiguren
863 Wittke, Gestrickte Handspiel-Tiere
1004 Zechlin, Stofftiere mit Pfiff
1078 Seyd, Stilvolle Teddys nähen
1161 Davids, Puppenhaus

Weihnachten und Ostern

1239 Möller, Fensterbilder im Advent
743 Wurst, Adventskalender
1018 Glende, Adventsschmuck zeitlos
965 Kauffmann, Weihn. Raumschmuck
1017 Glende, Christbaumschmuck
1090 Hettinger, Weihnachtl. Basteln
843 Walz, Weihnachtliches aus Stroh
1009 Bösch, Krippendarstell. aus Rupfen
1089 Erlenmaier, Krippenfiguren aus Ton
923 Walz, Fröhliches Osterbasteln
1000 –, Familienbasteln zu Ostern
1056 Rensing, Österlicher Schmuck
1029 Holl, Gestecke für Ostern + Frühjahr
991 Harms, Das schöne Ei
1058 Köhler, Kunst auf Eiern, Band 1
1183 Möller, Fensterbilder aus Tonkarton
1191 Täubner, Plastische Fensterbilder

Verschiedenes

1025 Zeller, Kerzen verzieren
1069 Schray, Kerzen tunken
589 Zechlin, Einbetten in Gießharz
1074 Fasnacht, Stegemail
1060 Hettinger, Kästchen und Dosen
937 Laue, Hübsch verpacken
1137 Baumann, Originell schenken
1231 Weiss, Kinder-Spielzeug mit Solar